My Magic

This book belongs to:

_____

_____

☆ Directory ☆

Date: _____ Caster: _____

Name of Spell: _____

Intention: _____

Phases of the Moon

Waxing	Full Moon	Waning

☀ Description ☀

_____
_____
_____
_____
_____
_____

🔮 Materials used:

_____
_____
_____
_____
_____

🕯 Participants:

_____
_____
_____
_____
_____

Feelings & Effects (Immediately)

_____
_____
_____
_____
_____
_____

Notes

Date: _____ Caster: _____

Name of Spell: _____

Intention: _____

Phases of the Moon

Waxing	Full Moon	Waning

Description

_____
_____
_____
_____
_____

Materials used:

_____
_____
_____
_____

Participants:

_____
_____
_____
_____

Feelings & Effects (Immediately)

_____
_____
_____
_____
_____
_____

Notes

Date: _____ Caster: _____

Name of Spell: _____

Intention: _____

Phases of the Moon

Waxing	Full Moon	Waning

☀ Description ☀

_____
_____
_____
_____
_____

🔮 Materials used:

_____
_____
_____
_____

Participants:

_____
_____
_____
_____

★ Feelings & Effects (Immediately) ★

_____
_____
_____
_____
_____
_____

Notes

Date: _____ Caster: _____

Name of Spell: _____

Intention: _____

Phases of the Moon

Waxing	Full Moon	Waning

☀ Description ☀

_____
_____
_____
_____
_____
_____

🜨 Materials used:

_____
_____
_____
_____
_____

Participants:

_____
_____
_____
_____
_____

✦ Feelings & Effects (Immediately)

_____
_____
_____
_____
_____

Notes

Date: _____ Caster: _____

Name of Spell: _____

Intention: _____

Phases of the Moon

Waxing   Full Moon   Waning

Description

_____
_____
_____
_____
_____
_____

Materials used:

_____
_____
_____
_____
_____

Participants:

_____
_____
_____
_____
_____

Feelings & Effects (Immediately)

_____
_____
_____
_____
_____

Notes

Date: _____ Caster: _____

Name of Spell: _____

Intention: _____

Phases of the Moon

Waxing	Full Moon	Waning

Description

_____
_____
_____
_____
_____

Materials used:

_____
_____
_____
_____
_____

Participants:

_____
_____
_____
_____
_____

Feelings & Effects (Immediately)

_____
_____
_____
_____
_____

Notes

Date: _____ Caster: _____

Name of Spell: _____

Intention: _____

Phases of the Moon

Waxing	Full Moon	Waning

Description

_____
_____
_____
_____
_____

Materials used:

_____
_____
_____

Participants:

_____
_____
_____

Feelings & Effects (Immediately)

_____
_____
_____
_____
_____

Notes

Date: _____ Caster: _____

Name of Spell: _____

Intention: _____

Phases of the Moon

Waxing	Full Moon	Waning

Description

_____
_____
_____
_____
_____

Materials used:

_____
_____
_____
_____

Participants:

_____
_____
_____
_____

Feelings & Effects (Immediately)

_____
_____
_____
_____
_____

Notes

Date: _____   Caster: _____

Name of Spell: _____

Intention: _____

Phases of the Moon

Waxing	Full Moon	Waning

Description

_____
_____
_____
_____
_____

Materials used:

_____
_____
_____
_____
_____

Participants:

_____
_____
_____
_____
_____

Feelings & Effects (Immediately)

_____
_____
_____
_____
_____
_____

Notes

Date: _____ Caster: _____

Name of Spell: _____

Intention: _____

Phases of the Moon

Waxing   Full Moon   Waning

Description   Materials used: Participants:

Feelings & Effects (Immediately)

Notes

Date: _____ Caster: _____

Name of Spell: _____

Intention: _____

Phases of the Moon

Waxing   Full Moon   Waning

Description

_____
_____
_____
_____
_____
_____

Materials used:

_____
_____
_____
_____

Participants:

_____
_____
_____
_____
_____

Feelings & Effects (Immediately)

_____
_____
_____
_____
_____
_____

Notes

Date: _____ Caster: _____

Name of Spell: _____

Intention: _____

Phases of the Moon

Waxing	Full Moon	Waning

Description

_____
_____
_____
_____
_____

Materials used:

_____
_____
_____
_____

Participants:

_____
_____
_____
_____

Feelings & Effects (Immediately)

_____
_____
_____
_____
_____

Notes

Date: _____ Caster: _____

Name of Spell: _____

Intention: _____

Phases of the Moon

Waxing	Full Moon	Waning

Description

_____
_____
_____
_____
_____
_____

Materials used:

_____
_____
_____
_____
_____

Participants:

_____
_____
_____
_____
_____

Feelings & Effects (Immediately)

_____
_____
_____
_____
_____
_____

Notes

Date: _____ Caster: _____

Name of Spell: _____

Intention: _____

Phases of the Moon

Waxing	Full Moon	Waning

Description

_____
_____
_____
_____
_____
_____

Materials used:

_____
_____
_____
_____
_____
_____

Participants:

_____
_____
_____
_____
_____

Feelings & Effects (Immediately)

_____
_____
_____
_____
_____
_____

Notes

Date: _____ Caster: _____

Name of Spell: _____

Intention: _____

Phases of the Moon

Waxing	Full Moon	Waning

☀ Description ☀

_____
_____
_____
_____
_____

☽ Materials used:

_____
_____
_____

Participants:

_____
_____
_____

Feelings & Effects (Immediately)

_____
_____
_____
_____
_____

Notes

Date: _____ Caster: _____

Name of Spell: _____

Intention: _____

Phases of the Moon

Waxing   Full Moon   Waning

Description

_____
_____
_____
_____
_____
_____

Materials used:

_____
_____
_____
_____
_____

Participants:

_____
_____
_____
_____
_____

Feelings & Effects (Immediately)

_____
_____
_____
_____
_____
_____

Notes

Date: _____   Caster: _____

Name of Spell: _____

Intention: _____

Phases of the Moon

Waxing	Full Moon	Waning

Description

_____
_____
_____
_____
_____
_____

Materials used:

_____
_____
_____
_____

Participants:

_____
_____
_____
_____
_____

Feelings & Effects (Immediately)

_____
_____
_____
_____
_____
_____

Notes

Date: _____ Caster: _____

Name of Spell: _____

Intention: _____

Phases of the Moon

Waxing	Full Moon	Waning

Description

_____
_____
_____
_____
_____

Materials used:

_____
_____
_____
_____

Participants:

_____
_____
_____
_____

Feelings & Effects (Immediately)

_____
_____
_____
_____
_____
_____

Notes

Date: _____ Caster: _____

Name of Spell: _____

Intention: _____

Phases of the Moon

Waxing	Full Moon	Waning

Description

Materials used:

Participants:

Feelings & Effects (Immediately)

Notes

Date: _____   Caster: _____

Name of Spell: _____

Intention: _____

Phases of the Moon

Waxing	Full Moon	Waning

Description

_____
_____
_____
_____
_____

Materials used:

_____
_____
_____
_____

Participants:

_____
_____
_____
_____

Feelings & Effects (Immediately)

_____
_____
_____
_____
_____
_____

Notes

Date: _____ Caster: _____

Name of Spell: _____

Intention: _____

Phases of the Moon

Waxing	Full Moon	Waning

Description

_____
_____
_____
_____
_____

Materials used:

_____
_____
_____
_____
_____

Participants:

_____
_____
_____
_____
_____

Feelings & Effects (Immediately)

_____
_____
_____
_____
_____
_____

Notes

Date: _____ Caster: _____

Name of Spell: _____

Intention: _____

Phases of the Moon

Waxing	Full Moon	Waning

Description

_____
_____
_____
_____
_____
_____

Materials used:

_____
_____
_____
_____
_____

Participants:

_____
_____
_____
_____
_____

Feelings & Effects (Immediately)

_____
_____
_____
_____
_____

Notes

Date: _____ Caster: _____

Name of Spell: _____

Intention: _____

Phases of the Moon

Waxing	Full Moon	Waning

Description

_____
_____
_____
_____
_____

Materials used:

_____
_____
_____

Participants:

_____
_____
_____

Feelings & Effects (Immediately)

_____
_____
_____
_____
_____

Notes

Date: _____ Caster: _____

Name of Spell: _____

Intention: _____

Phases of the Moon

Waxing	Full Moon	Waning

Description

Materials used:

Participants:

Feelings & Effects (Immediately)

_____
_____
_____
_____
_____

Notes

Date: _____ Caster: _____

Name of Spell: _____

Intention: _____

Phases of the Moon

Waxing	Full Moon	Waning

Description

_____
_____
_____
_____
_____
_____

Materials used:

_____
_____
_____
_____

Participants:

_____
_____
_____
_____
_____

Feelings & Effects (Immediately)

_____
_____
_____
_____
_____
_____

Notes

Date: _____ Caster: _____

Name of Spell: _____

Intention: _____

Phases of the Moon

Waxing	Full Moon	Waning

☀ Description ☀

_____
_____
_____
_____
_____
_____

⏱ Materials used:

_____
_____
_____
_____
_____

Participants:

_____
_____
_____
_____
_____

Feelings & Effects (Immediately)

_____
_____
_____
_____
_____
_____

Notes

Date: _____ Caster: _____

Name of Spell: _____

Intention: _____

Phases of the Moon

Waxing	Full Moon	Waning

Description

_____
_____
_____
_____
_____
_____

Materials used:

_____
_____
_____
_____
_____

Participants:

_____
_____
_____
_____
_____

Feelings & Effects (Immediately)

_____
_____
_____
_____
_____
_____

Notes

Date: _____ Caster: _____

Name of Spell: _____

Intention: _____

Phases of the Moon

Waxing   Full Moon   Waning

Description

_____
_____
_____
_____
_____

Materials used:

_____
_____
_____
_____

Participants:

_____
_____
_____
_____

Feelings & Effects (Immediately)

_____
_____
_____
_____
_____

Notes

Date: _____ Caster: _____

Name of Spell: _____

Intention: _____

Phases of the Moon

Waxing   Full Moon   Waning

Description

_____
_____
_____
_____
_____
_____

Materials used:

_____
_____
_____
_____
_____

Participants:

_____
_____
_____
_____
_____

Feelings & Effects (Immediately)

_____
_____
_____
_____
_____

Notes

Date: _____ Caster: _____

Name of Spell: _____

Intention: _____

Phases of the Moon

Waxing	Full Moon	Waning

☀ Description ☀

_____
_____
_____
_____
_____
_____

◯ Materials used:

_____
_____
_____
_____
_____

Participants:

_____
_____
_____
_____
_____

★ Feelings & Effects (Immediately) ★

_____
_____
_____
_____
_____

Notes

Date: _____ Caster: _____

Name of Spell: _____

Intention: _____

Phases of the Moon

Waxing	Full Moon	Waning

Description

_____
_____
_____
_____
_____

Materials used:

_____
_____
_____
_____

Participants:

_____
_____
_____
_____

Feelings & Effects (Immediately)

_____
_____
_____
_____
_____
_____

Notes

Date: _____ Caster: _____

Name of Spell: _____

Intention: _____

Phases of the Moon

Waxing	Full Moon	Waning

Description

_____
_____
_____
_____
_____

Materials used:

_____
_____
_____
_____

Participants:

_____
_____
_____
_____

Feelings & Effects (Immediately)

_____
_____
_____
_____
_____
_____

Notes

Date: _____ Caster: _____

Name of Spell: _____

Intention: _____

Phases of the Moon

Waxing	Full Moon	Waning

☀ Description ☀

_____
_____
_____
_____
_____

☾ Materials used:

_____
_____
_____
_____
_____

Participants:

_____
_____
_____
_____
_____

★ Feelings & Effects (Immediately) ★

_____
_____
_____
_____
_____

Notes

Date: _____ Caster: _____

Name of Spell: _____

Intention: _____

Phases of the Moon

Waxing	Full Moon	Waning

Description

_____
_____
_____
_____
_____
_____

Materials used:

_____
_____
_____
_____
_____

Participants:

_____
_____
_____
_____
_____

Feelings & Effects (Immediately)

_____
_____
_____
_____
_____

Notes

Date: _____ Caster: _____

Name of Spell: _____

Intention: _____

Phases of the Moon

Waxing   Full Moon   Waning

Description

Materials used:

Participants:

Feelings & Effects (Immediately)

Notes

Date: _____ Caster: _____

Name of Spell: _____

Intention: _____

Phases of the Moon

Waxing   Full Moon   Waning

Description

Materials used:

Participants:

Feelings & Effects (Immediately)

Notes

Date: _____ Caster: _____

Name of Spell: _____

Intention: _____

Phases of the Moon

Waxing   Full Moon   Waning

☀ Description ☀

_____
_____
_____
_____
_____
_____

🌙 Materials used:

_____
_____
_____
_____
_____

Participants:

_____
_____
_____
_____
_____

Feelings & Effects (Immediately)

_____
_____
_____
_____
_____
_____

Notes

Date: _____ Caster: _____

Name of Spell: _____

Intention: _____

Phases of the Moon

Waxing	Full Moon	Waning

Description

_____
_____
_____
_____
_____
_____

Materials used:

_____
_____
_____
_____
_____
_____

Participants:

_____
_____
_____
_____
_____

Feelings & Effects (Immediately)

_____
_____
_____
_____
_____
_____

Notes

Date: _____ Caster: _____

Name of Spell: _____

Intention: _____

Phases of the Moon

Waxing	Full Moon	Waning

☀ Description ☀

_____
_____
_____
_____
_____
_____

🜨 Materials used:

_____
_____
_____
_____
_____
_____

Participants:

_____
_____
_____
_____
_____
_____

★ Feelings & Effects (Immediately) ★

_____
_____
_____
_____
_____
_____

Notes

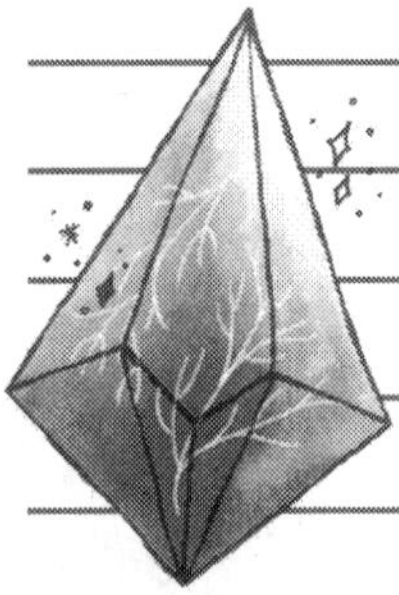

Date: _____ Caster: _____

Name of Spell: _____

Intention: _____

Phases of the Moon

Waxing   Full Moon   Waning

Description

_____
_____
_____
_____
_____

Materials used:

_____
_____
_____
_____

Participants:

_____
_____
_____
_____

Feelings & Effects (Immediately)

_____
_____
_____
_____
_____
_____

Notes

Date: _____ Caster: _____

Name of Spell: _____

Intention: _____

Phases of the Moon

Waxing   Full Moon   Waning

☀ Description ☀

_____
_____
_____
_____
_____
_____

☾ Materials used:

_____
_____
_____
_____
_____

Participants:

_____
_____
_____
_____
_____

Feelings & Effects (Immediately)

_____
_____
_____
_____
_____
_____

Notes

Date: _____ Caster: _____

Name of Spell: _____

Intention: _____

Phases of the Moon

Waxing   Full Moon   Waning

Description	Materials used:	Participants:
_____	_____	_____
_____	_____	_____
_____	_____	_____
_____	_____	_____
_____	_____	_____
_____	_____	_____

Feelings & Effects (Immediately)

_____

_____

_____

_____

_____

Notes

Date: _____ Caster: _____

Name of Spell: _____

Intention: _____

Phases of the Moon

Waxing	Full Moon	Waning

☀ Description ☀

_____
_____
_____
_____
_____

Materials used:

_____
_____
_____
_____
_____

Participants:

_____
_____
_____
_____
_____

Feelings & Effects (Immediately)

_____
_____
_____
_____
_____
_____

Notes

Date: _____ Caster: _____

Name of Spell: _____

Intention: _____

Phases of the Moon

Waxing	Full Moon	Waning

Description

_____
_____
_____
_____
_____

Materials used:

_____
_____
_____
_____
_____

Participants:

_____
_____
_____
_____
_____

Feelings & Effects (Immediately)

_____
_____
_____
_____
_____

Notes

Date: _____ Caster: _____

Name of Spell: _____

Intention: _____

Phases of the Moon

Waxing	Full Moon	Waning

Description

_____
_____
_____
_____
_____
_____

Materials used:

_____
_____
_____
_____

Participants:

_____
_____
_____
_____

Feelings & Effects (Immediately)

_____
_____
_____
_____
_____
_____

Notes

Date: _____ Caster: _____

Name of Spell: _____

Intention: _____

Phases of the Moon

Waxing	Full Moon	Waning

Description

_____
_____
_____
_____
_____
_____

Materials used:

_____
_____
_____
_____
_____

Participants:

_____
_____
_____
_____
_____

Feelings & Effects (Immediately)

_____
_____
_____
_____
_____
_____

Notes

Date: _____ Caster: _____

Name of Spell: _____

Intention: _____

Phases of the Moon

Waxing	Full Moon	Waning

Description

_____
_____
_____
_____
_____
_____

Materials used:

_____
_____
_____
_____
_____

Participants:

_____
_____
_____
_____
_____

Feelings & Effects (Immediately)

_____
_____
_____
_____
_____

Notes

Date: _____ Caster: _____

Name of Spell: _____

Intention: _____

Phases of the Moon

Waxing	Full Moon	Waning

Description

_____
_____
_____
_____
_____
_____

Materials used:

_____
_____
_____
_____
_____

Participants:

_____
_____
_____
_____
_____

Feelings & Effects (Immediately)

_____
_____
_____
_____
_____

Notes

Date: _____ Caster: _____

Name of Spell: _____

Intention: _____

Phases of the Moon

Waxing	Full Moon	Waning

Description

_____
_____
_____
_____
_____
_____

Materials used:

_____
_____
_____
_____
_____

Participants:

_____
_____
_____
_____
_____

Feelings & Effects (Immediately)

_____
_____
_____
_____
_____
_____
_____

Notes

Date: _____ Caster: _____

Name of Spell: _____

Intention: _____

Phases of the Moon

Waxing	Full Moon	Waning

☀ Description ☀

_____
_____
_____
_____
_____
_____

☾ Materials used:

_____
_____
_____
_____
_____

Participants:

_____
_____
_____
_____
_____

⭐ Feelings & Effects (Immediately) ⭐

_____
_____
_____
_____
_____
_____

Notes

Date: _____ Caster: _____

Name of Spell: _____

Intention: _____

Phases of the Moon

Waxing	Full Moon	Waning

👁 Description 👁	🕐 Materials used:	🐇 Participants:
_____	_____	_____
_____	_____	_____
_____	_____	_____
_____	_____	_____
_____	_____	_____
_____	_____	_____

⭐ Feelings & Effects (Immediately) ⭐

_____

_____

_____

_____

_____

Notes

Date: _____ Caster: _____

Name of Spell: _____

Intention: _____

Phases of the Moon

Waxing   Full Moon   Waning

☀ Description ☀

_____
_____
_____
_____
_____
_____

☾ Materials used:

_____
_____
_____
_____
_____

Participants:

_____
_____
_____
_____
_____

★ Feelings & Effects (Immediately) ★

_____
_____
_____
_____
_____

Notes

Made in the USA
Monee, IL
22 March 2022